Bibliografische Information der Deutschen Nationalbibliothek:

Die Deutsche Bibliothek verzeichnet diese Publikation in der Deutschen National-bibliografie; detaillierte bibliografische Daten sind im Internet über http://dnb.d-nb.de/ abrufbar.

Dieses Werk sowie alle darin enthaltenen einzelnen Beiträge und Abbildungen sind urheberrechtlich geschützt. Jede Verwertung, die nicht ausdrücklich vom Urheberrechtsschutz zugelassen ist, bedarf der vorherigen Zustimmung des Verla-ges. Das gilt insbesondere für Vervielfältigungen, Bearbeitungen, Übersetzungen, Mikroverfilmungen, Auswertungen durch Datenbanken und für die Einspeicherung und Verarbeitung in elektronische Systeme. Alle Rechte, auch die des auszugsweisen Nachdrucks, der fotomechanischen Wiedergabe (einschließlich Mikrokopie) sowie der Auswertung durch Datenbanken oder ähnliche Einrichtungen, vorbehalten.

Impressum:

Copyright © 2017 GRIN Verlag
Druck und Bindung: Books on Demand GmbH, Norderstedt Germany
ISBN: 9783668757912

Dieses Buch bei GRIN:

https://www.grin.com/document/434376

Ludwig Graf von Brühl

Aus der Reihe: e-fellows.net stipendiaten-wissen

e-fellows.net (Hrsg.)

Band 2794

Die Fähigkeit des Menschen zur Erkenntnis der Wahrheit

Insbesondere im Bezug zu Jesu Christi´ Selbstaussage "Ich bin der Weg, die Wahrheit und das Leben"

GRIN Verlag

GRIN - Your knowledge has value

Der GRIN Verlag publiziert seit 1998 wissenschaftliche Arbeiten von Studenten, Hochschullehrern und anderen Akademikern als eBook und gedrucktes Buch. Die Verlagswebsite www.grin.com ist die ideale Plattform zur Veröffentlichung von Hausarbeiten, Abschlussarbeiten, wissenschaftlichen Aufsätzen, Dissertationen und Fachbüchern.

Besuchen Sie uns im Internet:

http://www.grin.com/

http://www.facebook.com/grincom

http://www.twitter.com/grin_com

Inhaltsverzeichnis

Einleitung

Gesichertes Wissen ist laut einigen Philosophen unmöglich.[1] Sir Karl Popper ist einer dieser Philosophen und vertritt die These in einem Vortrag, den er am 8. Juni 1979 an der Universität Frankfurt am Main anlässlich der Verleihung der Ehrendoktorwürde hielt. Popper zufolge hat bereits Sokrates erkannt und zugegeben: „Ich weiß, dass ich nichts weiß.“[2] Auch Goethe schien die Unmöglichkeit des Wissens bewusst zu sein, als er im Faust schrieb: „Und sehe, dass wir nichts wissen können! / Das will mir schier das Herz verbrennen.“[3] Dieser Ausspruch, den auch Popper für sich beansprucht, zeigt, wie klar sich Goethe darüber ist, dass gesichertes Wissen unmöglich ist. Doch was ist dieses Wissen? Es ist „erstens die Wahrheit dessen, was man zu wissen behauptet; zweitens, dessen Gewissheit; und drittens, das Vorliegen von zureichenden Gründen“[4]. Dieses Wissen ist sehr erstrebenswert, vor allem im Hinblick auf das, was wir oft ganz allgemein die Wahrheit nennen. Wenn wir nicht wissen was die Wahrheit ist, können wir auch keine wahren Aussagen treffen. Laut Popper ist jeder Mensch Philosoph[5], das heißt auch, jeder Mensch ist ein (Geistes)Wissenschaftler. Diesem Gedanken folgend sucht jeder Mensch nach der Wahrheit.

Popper erkannte auch, dass jedes Lebewesen nach der Verbesserung seiner Lebensform strebt.[6] Die Besonderheit beim Menschen liege darin, dass der Mensch sich bewusstwerde, dass er die Wahrheit braucht, um eine Verbesserung der Lebensumstände herbeizuführen. Tiere sind von ihren Trieben gesteuert. Selbst wenn auch der Mensch das nur allzu oft ist, so hat er doch die Möglichkeit sich zu entscheiden. Er kann sich für oder sogar gegen die Wahrheit entscheiden, indem er sie leugnet oder zumindest relativiert. Aber wer erkannt hat, dass die Wahrheit, wie sie auch immer aussehen mag, relevant ist für Entscheidungen, die das Leben von sich selbst und von anderen elementar beeinflussen, wird auch klar: Es braucht Kriterien anhand derer man Situationen beurteilen kann. Diese Notwendigkeit lässt sich bereits

---

[1] vgl. Popper, Karl: Auf der Suche nach einer besseren Welt, S. 40
[2] Popper, Karl: Auf der Suche nach einer besseren Welt, S. 42
[3] Goethe, Johann Wolfgang: Faust I, S. 24
[4] Popper, Karl: Auf der Suche nach einer besseren Welt, S. 42
[5] vgl.: Heide Bohnet, Klaus Stadler (Hrsg.): Karl R. Popper: Alle Menschen sind Philosophen, Piper: München 2002
[6] vgl. Popper, Karl: Auf der Suche nach einer besseren Welt, S. VII

im Alltagsleben beobachten: Menschen, die auf der Suche nach der Wahrheit sind, wollen Zusammenhänge genau verstehen, geben sich nicht mit Halbwahrheiten zufrieden, sondern wollen mehr herausfinden, wollen auf die Wahrheit stoßen.

Die Wahrheitsdiskussion treibt nicht mehr nur Philosophen um. Auch Zivilgesellschaft und Medien haben erkannt, dass die Wahrheit einen großen Wert hat. In Zeiten von Fake-News[7], staatlichen Desinformationskampagnen[8] und Alternativen Fakten[9], ist sie wichtiger denn je. Der Mensch braucht die Wahrheit unbedingt, auch für die großen Fragen des Lebens: Was ist der Sinn des Lebens? Was passiert nach dem Tod? Wonach sollen wir uns richten? Alles Fragen für die die Wahrheit nicht unerheblich ist.

Wahrheitssuche kann auch bedeuten, dass die Wahrheit nicht für alle ganz eindeutig ist. Und genau das löste bei mir eine Verunsicherung aus. Das, was ich für sicher in meinem Leben befunden habe, woran ich mich orientiert hatte, war gar nicht so sicher wie ich immer dachte. Aus dieser Konsequenz begann auch ich ähnlich wie Faust zu überlegen, welche Wahrheit „Die Welt im Innersten zusammenhält"[10], und für mich war die Antwort relativ klar: Gott! Gott ist es doch, der im Gegensatz zu uns Menschen alles weiß und kann[11]. Dies dachte ich und wollte Popper und Faust gleichermaßen die Antwort geben. So muss auch die heilige Edith Stein gedacht haben, als sie sagte: „Wer die Wahrheit sucht, sucht Gott. Ob es ihm klar ist oder nicht."[12] Vor allem im Hinblick auf die Wahrheit fiel mir die Stelle im Johannesevangelium ein, in dem Jesus sagt: „Ich bin der Weg, die Wahrheit und das Leben."[13] Hier war die Antwort in Schriftform. Gleichzeitig war mir bewusst, dass diese Antwort nicht für jeden gleich nachvollziehbar ist. Wie kann der komplexe Erkenntnisprozess durch und in Jesus ablaufen? Speziell unter dem Gesichtspunkt, welche Wahrheit Jesus damit überhaupt meinte. Dadurch kam in mir die Frage auf, wie es denn möglich sei, die Wahrheit in Jesus zu erkennen.

---

[7] vgl. https://de.wikipedia.org/wiki/Fake_News, abgerufen am 5.11.2017
[8] vgl. z. B. den russischen Nachrichtensender Sputnik
[9] vgl. https://de.wikipedia.org/wiki/Alternative_Fakten, abgerufen am 5.11.2017
[10] Goethe, Johann Wolfgang: Faust I, S. 25
[11] vgl. Ecclesia Catholica: Katechismus der Katholischen Kirche, S. 102
[12] https://de.wikiquote.org/wiki/Edith_Stein, abgerufen am 5.11.2017
[13] Joh 14,6; Die Bibel. Einheitsübersetzung

Zu diesem Zweck werde ich zunächst Wahrheitstheorien nachgehen, welche bei der Frage nach der Wahrheit in Jesus hilfreich sein können.

1 Verschiedene Theorien zur Wahrheit

Das deutsche Wort 'Wahrheit' ist ein Abstraktum aus dem indogermanischen Wort bzw. Wurzelnomen *wēr- für `Vertrauen, Treue, Zustimmung`[14].

1.1 Linguistische Wahrheit bei Habermas

Es muss, wie auch die Herkunft des Wortes zeigt, bei der Wahrheit differenziert werden. Ich möchte erst einmal die linguistische Wahrheit und die universale Wahrheit voneinander begrifflich abgrenzen, was nicht heißen soll, dass sie keine Schnittmengen haben. Mit linguistischer Wahrheit meine ich die Art von Wahrheit, die eine Behauptung in einer Aussage wahr oder falsch sein lässt. Für Habermas ist Wahrheit vor allem ein Geltungsanspruch, der in einer Behauptung erhoben wird. Diese Behauptungen sind allerdings weder wahr noch falsch, sondern berechtigt oder unberechtigt. Die Berechtigung von diesem Wahrheitsanspruch ist nicht absolut, sondern gilt nur „wenn und soweit er aufrechterhalten werden kann"[15]. Um die linguistische Wahrheit näher zu erläutern, werde ich mich Habermas' Worte bedienen: Linguistische „Wahrheit meint das Versprechen, einen vernünftigen [sprachlichen] Konsens zu erzielen"[16]. Diese von Habermas formulierte Konsenstheorie[17] meint, dass jemand „nur dann einem Gegenstand ein Prädikat zusprechen [darf], wenn auch jeder andere [...] demselben Gegenstand das gleiche Prädikat zusprechen würde"[18]. Die linguistische Wahrheit ist essenziell für die Kommunikation und damit für das Zusammenleben von Menschen.

---

[14] vgl. https://de.wikipedia.org/wiki/Wahrheit#Wortherkunft, abgerufen am 5.11.2017
[15] Jürgen Habermas: Wahrheitstheorien, S. 216
[16] Jürgen Habermas: Wahrheitstheorien, S. 218
[17] vgl. https://de.wikipedia.org/wiki/Wahrheit#Konsenstheorie_der_Wahrheit_.28Habermas.29, abgerufen am 5.11.2017
[18] Jürgen Habermas: Wahrheitstheorien, S. 219

1.2 Wahrheit in der Korrespondenztheorie

Ein weitaus älterer philosophischer Ansatz ist die Korrespondenztheorie. Diese schon in der Antike von Aristoteles formulierte Theorie besagt, dass Wahrheit die Übereinstimmung von gedanklicher Wahrheit und Wirklichkeit ist. Als bedeutender Vertreter ist Thomas von Aquin bekannt, dessen Korrespondenztheorie auf einer Dreifaltigkeit der Wahrheit beruht:

- Die ontologische Wahrheit der Übereinstimmung von gedanklicher Wahrheit (Wissen) und Wirklichkeit (Sein)
- Die logische Wahrheit vom erkennenden Subjekt her, dessen Wissen mit dem Seienden übereinstimmt
- Die ontische Wahrheit, vom erkannten Objekt her, dessen Sein mit dem Wissen des erkennenden Subjekts übereinstimmt[19]

1.3 Wahrheit in der katholischen Kirche

Die katholische Kirche beruft sich in der Frage nach der Wahrheit auf Jesus Christus´ Selbstaussage „Ich bin der Weg, die Wahrheit und das Leben"[20]. Davon ausgehend predigte Papst Benedikt XVI. am 2. September 2012 in Castel Gandolfo:

„Niemand kann die Wahrheit haben, die Wahrheit hat uns, sie ist etwas Lebendiges! Wir sind nicht ihre Besitzer, sondern wir sind von ihr ergriffen; nur wenn wir uns von ihr führen und treiben lassen, bleiben wir in ihr; nur wenn wir mit ihr und in ihr Pilger der Wahrheit sind, dann ist sie in uns und durch uns da."[21]

Die Gefahr ist groß, sich als Besitzer der Wahrheit zu fühlen, insbesondere für die Kirche, die sich zwar zurecht als Hüter der Wahrheit sieht, aber nicht ihr Besitzer ist. Es ist allerdings Aufgabe der Kirche und die ihrer Gläubigen, die Wahrheit zu suchen und nach ihr zu leben. Papst Franziskus schrieb hierzu: „Für Christen ist die Wahrheit die Liebe Gottes zu uns in Jesus Christus, also eine Beziehung."[22] Diese Beziehung sieht

---

[19] vgl. https://de.wikipedia.org/wiki/Wahrheit#Thomas_von_Aquin, abgerufen am 5.11.2017
[20] Joh 14,6; Die Bibel. Einheitsübersetzung
[21] http://w2.vatican.va/content/benedict-xvi/de/homilies/2012/documents/hf_ben-xvi_hom_20120902_ratzinger-schuelerkreis.html, abgerufen am 5.11.2017
[22] Papst Franziskus, Papst Franziskus schreibt an "la Repubblica"/"Offener Dialog mit den Nicht-gläubigen", 12.9.2013

bei jedem Menschen unterschiedlich aus. Der vielzitierte Satz des damaligen Kardinals Josef Ratzinger „Es gibt so viele Wege zu Gott, wie es Menschen gibt"[23], betont die notwendige persönliche Erfahrung mit Jesus. Ähnlich formuliert es auch Papst Franziskus in einem Zeitungsartikel in der italienischen Zeitung La Repubblica: „[J]eder von uns geht von sich selbst aus, wenn er die Wahrheit aufnimmt und ausdrückt: von seiner Geschichte, Kultur, seiner Lage usw. Das heißt nicht, dass Wahrheit subjektiv oder veränderlich wäre, im Gegenteil. Aber sie gibt sich uns immer nur als Weg und als Leben."[24] Papst Franziskus betont hier die dreifaltige Beschreibung seiner selbst, die Jesus im Johannesevangelium gibt: „Ich bin der Weg, die Wahrheit und das Leben"[25]. Die Wahrheit, die in Jesus ist, ist nur durch ihn, seinen Weg zu erreichen. Und dieser Weg ist für die Kirche und ihre Gläubigen Jesus' eigenes Leben.

2 Erkenntnis

Erkenntnis und Wahrheit stehen in Korrelation. „Erkenntnis ist Wahrheitssuche"[26] sagt der Erkenntnistheoretiker Karl Popper. Deswegen ist es für Wahrheitssuchende so wichtig, wie Erkenntnis entsteht und wie sie zu erreichen ist. Die Vorsilbe „Er-" zeigt, dass Erkenntnis über Kenntnis hinausgeht. Der Unterschied liegt darin, dass Erkenntnis erstens etwas Neues für den ist, der erkennt und zweitens auf eine Beziehung zwischen dem erkannten Objekt und dem erkennenden Subjekt hinweist.[27] Diese beiden Aspekte spielen vor allem in der Erkenntnis von Jesus als Wahrheit eine wichtige Rolle, worauf im Späteren eingegangen wird.

2.1 Arten von Erkenntnis und ihre Entstehung

Die Arten, durch die Erkenntnis gewonnen werden kann, sind unterschiedlich hinsichtlich ihres Weges. Deswegen möchte ich einen kurzen Überblick über einige

---

[23] Interview von Peter Seewald mit Kardinal Ratzinger im Jahre 1996
[24] Papst Franziskus, Papst Franziskus schreibt an "la Repubblica"/"Offener Dialog mit den Nicht-gläubigen", 12.9.2013
[25] Joh 14,6; Die Bibel. Einheitsübersetzung
[26] Popper, Karl: Auf der Suche nach einer besseren Welt, S. 12
[27]vgl. https://de.wikipedia.org/wiki/Erkenntnis#Zum_Begriff_der_Erkenntnis, abgerufen am 5.11.2017

dieser Wege verschaffen, bevor die mögliche Erkenntnis von Jesus als Wahrheit beschrieben wird.

2.1.1 Erkenntnis durch Sinneswahrnehmung

Eine mögliche Quelle der Erkenntnis sind Wahrnehmungen von Reizen durch die menschlichen Sinne Sehen, Fühlen, Schmecken, Riechen, Hören. Die Information wird aufgenommen und gelangt durch das Nervensystem ins Gehirn[28], wo die Informationen verarbeitet werden und gegebenenfalls eine Erkenntnis entsteht. Erkenntnistheoretisch interessant ist die von der Wahrnehmung zu trennende Kognition. Kognition ist die Bewusstwerdung des Perzepts (das, was der Mensch wahrnimmt). In diesem Schritt wird beispielsweise Schall zu einem Ton oder Geräusch.[29] Bis zur Bewusstwerdung ist der Reiz rein objektiv, bis er durch die Kognition subjektiv wird.

Am Beispiel der Sinneswahrnehmung lässt sich der Unterschied zwischen Wahrheit und Gewissheit festmachen. Wie Popper sagt, ist „Wahrheit etwas Objektives" und „Gewissheit etwas Subjektives"[30]. Der Schall ist solange rein wahr, solange nicht der Mensch in der Kognition sich ihm bewusstwird. Durch die Bewusstwerdung kommt dann die subjektive Gewissheit.

2.1.2 Naturwissenschaftliche Erkenntnis bei Popper

Karl Popper hält „die naturwissenschaftliche Erkenntnis, für die beste und wichtigste Erkenntnis"[31]. Da für Popper wie eingangs erwähnt, gesicherte Erkenntnis unmöglich ist, beschreibt er wissenschaftliche Erkenntnis als ausnahmslos hypothetisch, beziehungsweise als „Vermutungswissen"[32]. Um an dieses Vermutungswissen zu gelangen, bedient er sich der kritischen Methode, die Fehler in einer These sucht und sie dann in einer neuen These vermeidet[33]. Diese auch Falsifikationismus genannte Methode[34] bekennt sich zu den Annahmen, dass erstens vollkommene Gewissheit

---

[28] vgl. https://de.wikipedia.org/wiki/Zentralnervensystem, abgerufen am 5.11.2017
[29] vgl. https://de.wikipedia.org/wiki/Wahrnehmung#Die_Wahrnehmungskette, abgerufen am 5.11.2017
[30] Popper, Karl: Auf der Suche nach einer besseren Welt, S. 14
[31] Popper, Karl: Auf der Suche nach einer besseren Welt, S. 11
[32] Popper, Karl: Auf der Suche nach einer besseren Welt, S. 13
[33] vgl. Popper, Karl: Auf der Suche nach einer besseren Welt, S. 13
[34] vgl. https://de.wikipedia.org/wiki/Falsifikation#Falsifikationismus, abgerufen am 5.11.2017

unmöglich ist, und zweitens die Wahrheit dann am Besten erkannt werden kann, wenn Fehler und Ungereimtheiten (die unvermeidbar sind) in einer Theorie ausgemerzt werden können. Dadurch kann – nach Popper – die Naturwissenschaft der Wahrheit am Nächsten kommen.[35]

2.1.3 Tradition und Überlieferung als Quelle der Erkenntnis

Es gibt Fragen, die lassen sich durch unsere Sinneswahrnehmungen nicht beantworten. Ist die Erde wirklich eine Kugel? Dreht sich die Erde um die Sonne oder andersherum? Hat Jesus wirklich gelebt? Wissenschaftler und Experten haben Antworten herausgefunden und Augenzeugen haben die Antworten selbst erlebt. Diesen Menschen vertrauen wir, dass die von ihnen bezeugten Tatsachen wahr sind. Wir wissen, seitdem wir es gelernt haben, dass die Erde rund ist. Aber die meisten Menschen können nicht stichhaltig nachweisen und erklären, warum es so ist. Das Vertrauen in gewisse Ergebnisse und Erkenntnisse ist so groß, dass die Erkenntnis nicht von jedem Menschen einzeln gemacht werden muss. Sie kann stattdessen weitergegeben werden. Vergleichbar ist es auch mit dem Glauben an Jesus. Historikern, die bewiesen haben, dass Jesus gelebt hat, muss Vertrauen entgegengebracht werden. Genauso wie dem Zeugnis, das die Apostel und Evangelisten in der Bibel geben. Protestanten und Freikirchler berufen sich nach dem Prinzip *sola scriptura* ausschließlich auf die Bibel.[36] Die katholische Kirche sieht aber nicht nur in der Schrift eine Quelle der göttlichen Offenbarung, sondern genauso auch in der Tradition beziehungsweise Überlieferung (*traditio et scriptura*).[37] In der Konstitution *Dei Verbum* des Zweiten Vatikanischen Konzils heißt es zum Verhältnis zwischen Schrift und Tradition:

„Die Heilige Überlieferung und die Heilige Schrift sind eng miteinander verbunden und haben aneinander Anteil. Demselben göttlichen Quell entspringend, fließen beide gewissermaßen in eins zusammen und streben demselben Ziel zu. Denn die Heilige Schrift ist Gottes Rede, insofern sie unter dem Anhauch des Heiligen Geistes schriftlich aufgezeichnet wurde. Die Heilige Überlieferung aber gibt das Wort Gottes, das von Christus dem Herrn und vom Heiligen Geist den Aposteln anvertraut wurde, unversehrt

---

[35] vgl. Popper, Karl: Auf der Suche nach einer besseren Welt, S. 50-51
[36] vgl. https://de.wikipedia.org/wiki/Sola_scriptura, abgerufen am 5.11.2017
[37] vgl. https://de.wikipedia.org/wiki/Sola_scriptura#R.C3.B6misch-katholische_Antwort, abgerufen am 5.11.2017

an deren Nachfolger weiter, damit sie es unter der erleuchtenden Führung des Geistes
der Wahrheit in ihrer Verkündigung treu bewahren, erklären und ausbreiten. So ergibt
sich, dass die Kirche ihre Gewissheit über alles Geoffenbarte nicht aus der Heiligen
Schrift allein schöpft. Daher sollen beide mit gleicher Liebe und Achtung angenommen
und verehrt werden."[38]

Die Vernachlässigung der Überlieferung führte beispielsweise bei den Protestanten
schnell zu weiteren Spaltungen und zu einer immer weitergehenden Individualisierung,
in dem jeder sich sein eigenes Gottesbild ‚baut'. Selbst innerhalb der Evangelischen
Kirche Deutschlands vertreten die Landeskirchen unterschiedliche Lehrmeinungen.[39]
Die Überlieferung und das Vertrauen in dieselbe ist also notwendig: zum einen für die
rechte Auslegung der Schrift und zum anderen für die Einheit der Kirche.

2.1.4 Mystik

Was Mystik ist, lässt sich schwer sagen, was sie hingegen bezweckt ist relativ klar: die
Vereinigung von Gott und Mensch[40] oder allgemeiner gesprochen die (visuelle oder
gefühlte) Erkenntnis Gottes auch *unio mystica* genannt[41]. Mystische Erlebnisse
faszinieren Menschen, weil sie die Trennung zwischen Natürlichem und
Übernatürlichem aufheben und weil sie einen gefühlten Beweis für Übernatürliches
sind. Die Chancen mystischer Gotteserfahrungen bestehen darin, dass die Beziehung
mit Gott durch die direkte Begegnung viel näher ist. Außerdem ist der Glaube nicht
mehr so abhängig von der Erkenntnis durch Schrift und Tradition. Doch die Mystik
birgt auch die Gefahr, Gott als freundliches Spielzeug und als Mittel zur Befriedigung
spiritueller Wünsche zu sein. Darum warnt auch Papst Benedikt XVI. in seinem
Jesusbuch:

„Die ganze große Frage, wie man Gott erkennen und wie man ihn nicht erkennen kann,
wie der Mensch zu Gott stehen und wie er ihn verlieren kann, steht hier vor uns. Der
Hochmut, der Gott zum Objekt machen und ihm unsere Laborbedingungen auflegen

---

[38] http://www.vatican.va/archive/hist_councils/ii_vatican_council/documents/vat-ii_const_19651118_dei-verbum_ge.html, abgerufen am 5.11.2017
[39] vgl.
https://de.wikipedia.org/wiki/Evangelische_Kirche_in_Deutschland#Theologische_Haltungen_der_EKD, abgerufen am 5.11.2017
[40] vgl. https://de.wikipedia.org/wiki/Christliche_Mystik, abgerufen am 5.11.2017
[41] vgl. https://de.wikipedia.org/wiki/Mystische_Hochzeit, abgerufen am 5.11.2017

will, kann Gott nicht finden. Denn er setzt bereits voraus, dass wir Gott als Gott leugnen, weil wir uns über ihn stellen. Weil wir die ganze Dimension der Liebe, des inneren Hörens ablegen und nur noch das Experimentierbare, das in unsere Hand gegeben ist, als wirklich anerkennen. Wer so denkt, macht sich selbst zu Gott und erniedrigt dabei nicht nur Gott, sondern die Welt und sich selber."[42] Solange man demütig ist und sich des Geschenks bewusst ist, das in einer mystischen Erfahrung liegt, kann man sich über die direkte Begegnung mit Gott freuen und darf Zeugnis sein für ihn.

2.2 Das Erkennen der Wahrheit in Christus

Von jedem der eben vorgestellten Wege zur Erkenntnis, kann man etwas mitnehmen, was einem die Erkenntnis der Wahrheit in Christus näherbringt.

Schall und andere Reize sind solange komplett wahr bis die Kognition sie dem Menschen bewusstwerden lässt. Genauso ist es mit Jesus. Sein Wesen ist nicht nur komplett wahr, „er allein ist die Wahrheit"[43]. Die Kirche hat von Jesus die Aufgabe bekommen seine Wahrheit weiterzugeben, „trotz des Bewusstseins, dass die grenzenlose Gabe des Glaubens in den zerbrechlichen Tongefäßen unserer Menschlichkeit bewahrt wird."[44] Von Popper kann man lernen, dass man die Wahrheit nie vollständig erkannt haben kann. Es ist falsch zu meinen, als Gläubiger hätte man alles erkannt und könne sich darauf ausruhen. Es ist Jesus, der sagt: „Kehrt um und glaubt an das Evangelium"[45]. Jesus zu erkennen und ihm nachzufolgen, ist ein nie abgeschlossener Prozess. Erkennen bedeutet, wie eingangs erwähnt, eine Beziehung zu dem erkannten Objekt aufzubauen. Das ist das Entscheidende im Erkenntnisprozess von Jesus: Zu ihm eine Beziehung zu haben und durch die Nähe zu ihm Erkenntnisse über die Wahrheit in ihm zu bekommen.

---

[42] Ratzinger, Josef / Papst Benedikt XVI.: Jesus von Nazareth, Band I, S. 66
[43] Menke, Karl-Heinz: Jesus ist Gott der Sohn, S. 24
[44] Papst Franziskus, Papst Franziskus schreibt an "la Repubblica"/"Offener Dialog mit den Nichtgläubigen", 12.9.2013
[45] Mk 1,15; Die Bibel. Einheitsübersetzung

3 Jesus Christus als Wahrheit

Jesus wurde oftmals kategorisiert. Manchmal als Wanderprediger, oft als Prophet oder Morallehrer[46]. Im Islam ist er auch als „Gesandter" bekannt[47]. Wie aber kann er etwas so Abstraktes wie die Wahrheit verkörpern? Im Folgenden wird diese Frage erörtert.

3.1 Jesus Christus als wahrer Mensch und wahrer Gott

Im frühen Christentum war die Frage nach der Wesensart Jesu von großer Bedeutung, vor allem nachdem das Christentum unter Kaiser Theosidios I. im römischen Reich Staatsreligion wurde.[48] Die im Konzil von Nicäa formulierte Trinitätslehre wurde im Hinblick auf Jesus im Konzil von Chalcedon konkretisiert. Seit dem nicäanischen Konzil ist bestätigt, dass Jesus *homoousios* (griech. wesensgleich) mit Gott ist. Die Dreifaltigkeit ist ab dem Jahr 451 ein Dogma. Das heißt: Jesus Christus ist „wahrer Mensch und wahrer Gott"[49]. Diese Zwei-Naturen-Lehre besagt, dass Jesus eine menschliche und eine göttliche Natur hat. Beide sind in Christus „unwandelbar, ungetrennt, ungeteilt und unvermischt"[50]. Doch, und da sind wir wieder beim Erkennen: Woraus speist sich die Erkenntnis, dass Jesus die göttliche und die menschliche Natur auf eben dargestellte Weise in sich vereint? Denn dieses alles andere übersteigende Mysterium der Vereinigung von Mensch und Gott ist die Grundlage für das Erkennen der Wahrheit in Jesus Christus.

3.1.1 Biblische Quellen für die zwei Naturen in Christus

Jesus bekommt alleine im Neuen Testament über 40 Namen zugesprochen.[51] Einer der wichtigsten davon ist die des Propheten. Doch wer Jesus nur als Prophet in der Nachfolge der alten jüdischen Propheten, wie Mose, Jesaja oder Elija sieht, greift deutlich zu kurz. Jesus war zwar Prophet, aber er unterschied sich von den vorherigen Propheten (und allen anderen Menschen) unter anderem dadurch, dass er der einzige war, der Gott(-vater) gesehen hatte. Im Prolog des Johannesevangeliums heißt es:

---

[46] https://de.wikipedia.org/wiki/Jesus_von_Nazaret, abgerufen am 5.11.2017
[47] https://de.wikipedia.org/wiki/ʿĪsā_ibn_Maryam, abgerufen am 5.11 2017
[48] https://de.wikipedia.org/wiki/Christologie#Die_Zwei-Naturen-Lehre, abgerufen am 5.11.2017
[49] Ecclesia Catholica: Katechismus der Katholischen Kirche, S. 149
[50] https://de.wikipedia.org/wiki/Christologie#Die_Zwei-Naturen-Lehre, abgerufen am 5.11.2017
[51] vgl. https://de.wikipedia.org/wiki/Jesus_Christus#Weitere_Titel_und_Attribute, abgerufen am 5.11.2017

„Niemand hat Gott je gesehen. Der Einzige, der Gott ist und am Herzen des Vaters ruht, er hat Kunde gebracht."[52] Hier wird Jesus sogar explizit Gott genannt. Und das ist nicht die einzige Bibelstelle, wo dies der Fall ist. Auch im Hebräerbrief, im Brief an die Thessalonicher, im zweiten Petrusbrief an Titus und drei weitere Male im Johannesevangelium wird er so beschrieben[53]. Auch die Jünger merkten, dass Jesus nur bedingt in die alten Kategorien des Propheten passte. Papst Benedikt XVI. meint, dass die Jünger zwar manchmal spürten: „Das ist Gott selbst", doch dass sie nach der „volle[n] Gestalt [Jesu ...] immer noch tastend unterwegs blieb[en]."[54] Erst als Thomas in die Wundmale Jesu fasst, erkennt er seine Gottheit und ruft: „Mein Herr und mein Gott" (Joh. 20:28). Die Jünger merken aber auch schon vor der Auferstehung immer wieder, dass Jesus Gott ist. So zum Beispiel im Boot, nachdem Jesus über das Wasser lief und der Wind ihm gehorchte. Nachdem das geschehen ist, fallen die Jünger vor Jesus nieder und bekennen, dass er Gottes Sohn ist.[55] Das große Mysterium der Dreifaltigkeit, war also den Jüngern auf eine gewisse Weise bewusst, aber nicht ganz verständlich.

3.1.2 Gründe für die zwei Naturen in Christus durch logische Konsequenz

Der Anglikaner C.S. Lewis argumentiert für die Gottheit Christi mit Jesus´ Verhalten, welches nach Lewis, entweder göttlich oder geisteskrank ist.[56] Diese Konsequenz ergebe sich aus den getätigten Aussagen Jesu, die entweder aus einer göttlichen Quelle stammen oder andernfalls als wirr zu betrachten sind. Hier kommt man zu Papst Benedikt XVI., der die Quelle der Lehre Jesu benennt: „Die unmittelbare Berührung mit dem Vater, aus dem Dialog von Gesicht zu Gesicht."[57] Nur aus der wesensgleichen Art mit Gott-Vater kann Jesus göttliche Aussagen treffen und die Schrift auslegen. Ohne die direkte, göttliche Legitimation, die „Auslegung in Vollmacht", wäre die Lehre Jesu lediglich „Vermessenheit".[58]

---

[52] Joh.1,18; Die Bibel. Einheitsübersetzung
[53] vgl. Hebr 1,8; Joh 1:1,14; 2.Petr 1,1; 2.Thess 1,12; Joh 5,18; Tit 2,13; Die Bibel. Einheitsübersetzung
[54] Ratzinger, Josef / Papst Benedikt XVI.: Jesus von Nazareth, Band I, S. 351-352
[55] Mt 14,22-33; Die Bibel. Einheitsübersetzung
[56] vgl. http://kathpedia.com/index.php?title=Jesus_Christus#Beweise_aus_der_Schrift, abgerufen am 5.11.2017
[57] Ratzinger, Josef / Papst Benedikt XVI.: Jesus von Nazareth, Band I, S. 31-32
[58] Ratzinger, Josef / Papst Benedikt XVI.: Jesus von Nazareth, Band I, S. 31-32

3.2 Jesus ist Gott ist die Wahrheit

Jesus ist wesensgleich mit Gott und ist damit Gott.[59] Das ist Voraussetzung dafür, dass Jesus die Wahrheit ist. Denn wären Gott und Jesus nicht wesensgleich, könnte nur einer von ihnen die Wahrheit sein. Durch die Wesensgleichheit von Jesus mit Gott ist Jesus ebenso die Wahrheit wie Gott sie ist. Deswegen konnte Jesus „für die Wahrheit Zeugnis ablege[n]"[60], weil er sie selber verkörpert.

---

[59] Ecclesia Catholica: Katechismus der Katholischen Kirche, S. 149
[60] Joh 18,37; Die Bibel. Einheitsübersetzung

Schluss

Die Wahrheit ist die Basis für unser menschliches Zusammenleben. Ohne Wahrheit könnten wir nicht kommunizieren, deswegen haben wir uns auf eine linguistische Wahrheit geeinigt. Ohne Wahrheit könnten wir keine Beziehungen eingehen und keine Geschäfte abschließen. Wir könnten nicht handeln, nicht glauben, nicht leben. Glücklicherweise gibt es eine Wahrheit. Auch wenn sie nicht jeder erkennen kann, so ist sie doch vorhanden und schafft die Basis für unsere Menschlichkeit. Wir suchen unser Leben lang nach der Wahrheit und obwohl diese Suche nie zu Ende geht, erfüllt sie uns doch. Diese Suche führt an vielem vorbei, manchmal auch in eine ganz andere Richtung aber sie führt immer auf Gott zu. Um den Weg zur Wahrheit aufzuzeigen, hat Gott seinen eigenen Sohn in die Welt gesandt, der die Wahrheit ist. Die Wahrheit in Jesus heute zu erkennen, geht zunächst über die Mysterien der Dreifaltigkeit und der zwei Naturen in Christus, der menschlichen und der göttlichen. Nur durch die Wesensgleichheit mit Gott, ist Jesus die Wahrheit. Der Prozess des Erkennens ist untrennbar an den Aufbau einer Beziehung mit Jesus gekoppelt. Diese Notwendigkeit der Beziehung, zwischen dem erkennenden Subjekt (der Mensch) und dem erkannten Objekt (Jesus) zeigt sich nirgends besser, wie in der Erkenntnis, dass Jesus die Wahrheit ist. Nur wer sich auf eine persönliche Beziehung mit ihm einlässt, kann Jesus wirklich ‚Er-kennen' statt ihn nur zu kennen. Die Wahrheit in Christus zu suchen, heißt auch, Jesus statt sich selbst in den Mittelpunkt zu stellen. Das heißt von der Egozentrik zur Christozentrik zu gelangen. Christozentrik bedeutet, sich an der Wahrheit in Christus auszurichten, was Voraussetzung für Freiheit und Mündigkeit ist. Diese Wahrheit zu erkennen, zeichnet den freien und mündigen Menschen aus.

AMDG

Literatur- und Quellenverzeichnis

- Ecclesia Catholica: Katechismus der Katholischen Kirche, R. Oldenburg Verlag: München 1993.

- Goethe, Johann Wolfgang: Faust I, Cornelsen: Berlin [2]2007.

- Habermas, Jürgen: Wahrheitstheorien. In: Fahrenbach, Helmut (Hrsg.): Wirklichkeit und Reflexion. Walter Schulz zum 60. Geburtstag, Neske: Pfullingen 1973.

- Hrsg. im Auftrag der Bischöfe Deutschlands, Österreichs, der Schweiz, des Bischofs von Luxemburg, des Bischofs von Lüttich, des Bischofs von Bozen-Brixen: Die Bibel, Einheitsübersetzung, Altes und Neues Testament, Herder: Stuttgart 1980.

- Hrsg. von der Österreichischen Bischofskonferenz mit Zustimmung der Deutschen Bischofskonferenz und der schweizerischen Bischofskonferenz: Youcat, Jugendkatechismus der katholischen Kirche, Pattloch: München o. Jahr.

- Menke, Karl-Heinz: Jesus ist Gott der Sohn, Verlag Friedrich Pustet: Regensburg [3]2012.

- Popper, Karl: Auf der Suche nach einer besseren Welt, Piper: München [19]2016.

- Ratzinger, Josef / Benedikt XVI.: Jesus von Nazareth, Band I, Herder: Freiburg im Breisgau 2007.

- Ratzinger, Josef / Benedikt XVI.: Jesus von Nazareth, Band II, Herder: Freiburg im Breisgau 2011.

- Seifert, Josef: Erkenntnis des Vollkommenen, Lepanto Verlag: Bonn 2010.

Internetquellen

- Ich weiß, dass ich nichts weiß, aus:
  https://de.wikipedia.org/wiki/Ich_weiß,_dass_ich_nichts_weiß; abgerufen am
  5.11.2017.

- Fake News, aus: https://de.wikipedia.org/wiki/Fake_News, abgerufen am
  5.11.2017.

- Alternative Fakten, aus: https://de.wikipedia.org/wiki/Alternative_Fakten,
  abgerufen am 5.11.2017.

- Zitat von Edith Stein, aus: https://de.wikiquote.org/wiki/Edith_Stein, abgerufen
  am 5.11.2017.

- Herkunft des Wortes Wahrheit, aus:
  https://de.wikipedia.org/wiki/Wahrheit#Wortherkunft, abgerufen am 5.11.2017.

- Konsenstheorie der Wahrheit, aus:
  https://de.wikipedia.org/wiki/Wahrheit#Konsenstheorie_der_Wahrheit_.28Habe
  rmas.29, abgerufen am 5.11.2017.

- Wahrheitsgedanken von Thomas von Aquin, aus:
  https://de.wikipedia.org/wiki/Wahrheit#Thomas_von_Aquin, abgerufen am
  5.11.2017.

- Papst Benedikt XVI. Predigt in der Heiligen Messe zum Abschluss der
  Begegnung mit dem „Ratzinger-Schülerkreis", aus:
  http://w2.vatican.va/content/benedict-xvi/de/homilies/2012/documents/hf_ben-
  xvi_hom_20120902_ratzinger-schuelerkreis.html, 2.9.2012, abgerufen am
  5.11.2017.

- Papst Franziskus, Papst Franziskus schreibt an "la Repubblica" /
  "Offener Dialog mit den Nicht-gläubigen", aus:
  http://www.repubblica.it/cultura/2013/09/12/news/lettera_papa_traduzione_tede
  sco-66358598/, 12.9.2013, abgerufen am 5. 11. 2017.

- Begriff der Erkenntnis, aus:
  https://de.wikipedia.org/wiki/Erkenntnis#Zum_Begriff_der_Erkenntnis,
  abgerufen am 5.11.2017.

- Zentralnervensystem, aus: https://de.wikipedia.org/wiki/Zentralnervensystem,
  abgerufen am 5.11.2017.

- Wahrnehmungskette, aus:
  https://de.wikipedia.org/wiki/Wahrnehmung#Die_Wahrnehmungskette,
  abgerufen am 5.11.2017.

- Falsifikationismus, aus:
  https://de.wikipedia.org/wiki/Falsifikation#Falsifikationismus, abgerufen am
  5.11.2017.

- Prinzip der Sola scriptura, aus: https://de.wikipedia.org/wiki/Sola_scriptura,
  abgerufen am 5.11.2017.

- Antwort der katholischen Kirche, aus:
  https://de.wikipedia.org/wiki/Sola_scriptura#R.C3.B6misch-
  katholische_Antwort, abgerufen am 5.11.2017.

- Dei Verbum, Kapitel 9, aus:
  http://www.vatican.va/archive/hist_councils/ii_vatican_council/documents/vat-
  ii_const_19651118_dei-verbum_ge.html, abgerufen am 5.11.2017.

- Unterschiede in den Landeskirchen des EKD in theologischen Fragen und in der
  Lehrmeinung, aus:
  https://de.wikipedia.org/wiki/Evangelische_Kirche_in_Deutschland#Theologisc
  he_Haltungen_der_EKD, abgerufen am 5.11.2017.

- Christliche Mystik, aus: https://de.wikipedia.org/wiki/Christliche_Mystik,
  abgerufen am 5.11.2017.

- Unio mystico, aus: https://de.wikipedia.org/wiki/Mystische_Hochzeit, abgerufen
  am 5.11.2017.

- Jesus von Nazareth, aus: https://de.wikipedia.org/wiki/Jesus_von_Nazaret, abgerufen am 5.11.2017.

- Die Zwei Naturen in Christus, aus: http://kathpedia.com/index.php?title=Jesus_Christus#Die_zwei_Naturen_in_Christus, abgerufen am 5.11.2017.

- Jesus im Islam, aus: https://de.wikipedia.org/wiki/ʿĪsā_ibn_Maryam, abgerufen am 5.11.2017.

- Die zwei-Naturen-Lehre, aus: https://de.wikipedia.org/wiki/Christologie#Die_Zwei-Naturen-Lehre, abgerufen am 5.11.2017.

- Titel und Namen von Jesus https://de.wikipedia.org/wiki/Jesus_Christus#Weitere_Titel_und_Attribute, abgerufen am 5.11.2017.

- Beweise für die Gottheit von Christus, aus: http://kathpedia.com/index.php?title=Jesus_Christus#Beweise_aus_der_Schrift, abgerufen am 5.11.2017.

- Heinz-Joachim Fischer, „Wider die Diktatur des Relativismus", aus: http://www.faz.net/aktuell/konklave-wider-die-diktatur-des-relativismus-1227644.html?printPagedArticle=true#pageIndex_0, 20.4.2005, abgerufen am 6.11.2017.